ANDREA SCHIRMAIER-HUBER

1 TEIG – 40 KEKSE

FOTOGRAFIE: ANDREA KRAMP UND BERND GÖLLING, MEIKE BERGMANN

INHALT

Öffnen Sie die Klappen dieses Buches.
Dort finden Sie die wichtigsten Infos zum Thema auf einen Blick!

DAS PRINZIP:
DREI, ZWEI,
EINS ... TEIG

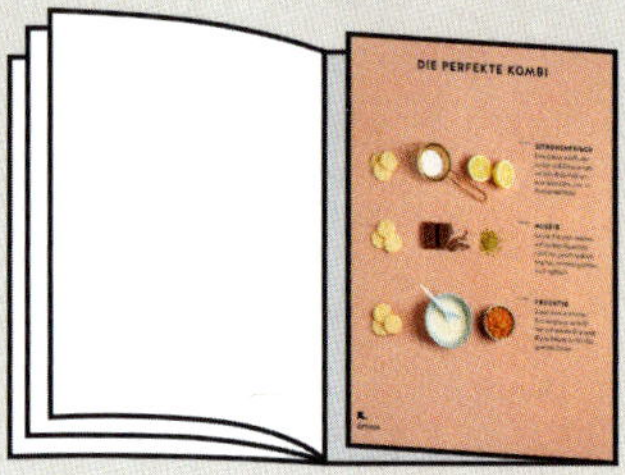

DIE PERFEKTE
KOMBI

Immer griffbereit:

SO GEHT'S:
MÜRBETEIG

Immer griffbereit:

SO GELINGT'S:
TIPPS UND
TRICKS

GU CLOU

Wussten Sie schon, dass ...?
Entdecken Sie bei einigen ausgewählten Rezepten ganz besondere Tipps mit verblüffendem Insiderwissen. Aha-Momente garantiert!

Die Backzeiten können je nach Herd variieren. Unsere Temperaturangaben beziehen sich auf das Backen im Elektroherd mit Ober- und Unterhitze.

REZEPTKAPITEL

ANDREA SCHIRMAIER-HUBER

Wenn es um Kekse geht, ist Andrea Schirmaier-Huber eine Weltmeisterin des Fachs. Die Bayerin weiß einfach, was es braucht, um köstliche Kekse zu backen. Ob ausgestochen, gerollt oder gespritzt, hier kommen Meisterstückchen aus Mürbeteig.

Alles Mürbeteig?

Mürbeteig ist die perfekte Basis für knusprige, buttrige Kekse. Ich verwende ihn in den Rezepten in zwei Varianten: Der geknetete Mürbeteig ist der Klassiker, den auch die meisten kennen. Dafür wird kalte Butter mit weiteren Zutaten verknetet. Dieser feste Teig muss vor der Verarbeitung gekühlt werden. Daneben steht der Spritzmürbeteig, der aus weicher Butter und weiteren Zutaten gerührt wird. Dieser weiche Teig wird sofort nach der Zubereitung ungekühlt aufs Blech gespritzt und gebacken.

Was sind meine Lieblinge?

Das sind ganz klar die mit Konfitüre gefüllten Butterblumen – in der Weihnachtszeit kennt man sie vielerorts auch als Spitzbuben. Ihnen kann ich einfach nicht widerstehen! Doch ich bin weltweit auf Reisen und entdecke dabei oft wunderbare Kekse und Gebäcke. Das kann ein traditioneller Keks aus einer kleinen Bäckerei wie auch ein Keks von einem Start-up in einer verrückten Geschmacksvariante sein. Diese Entdeckungen nehme ich als Inspiration mit nach Hause.

Mein bester Tipp?

Das Wichtigste sind für mich sehr gute Zutaten. Und in diesem Punkt bin ich der Regionaltyp. Heißt, ich hole meine Eier aus dem »Eierhäuschen« vom Bauern ums Eck, kaufe das Mehl in einer Mühle in der Umgebung und verwende heimische Butter. Das ist der Geschmack, den ich seit meiner Kindheit kenne und liebe. Dann nur noch etwas Zeit beim Backen nehmen – und die Kekse werden ein Gedicht.

PUDDINGKEKSE MIT 5 ZUTATEN

180 g Mehl und 1 Pck. Vanillepuddingpulver sieben.

180 g weiche Butter, 80 g Puderzucker und 1 Pck. Vanillezucker mit den Rührbesen des Handrührgeräts cremig rühren. Die Mehlmischung unterkneten und den Teig ca. 1 Std. kühlen.

Den Backofen auf 180° vorheizen, ein Backblech mit Backpapier belegen. Aus dem Teig kleine Kugeln formen, auf das Blech legen und mit einer Gabel etwas flach drücken. Im Ofen (Mitte) 10–12 Min. backen.

Die Kekse auf einem Kuchengitter auskühlen lassen. Mit 2 EL Puderzucker bestäuben und zum Aufbewahren in eine Dose schichten. Reicht für ca. 30 Stück.

ZARTE AROMEN

Für ca. 50 Stück • 1 Std. Zubereitung • 1 Std. Kühlen • 16 Min. Backen • Pro Stück ca. 90 kcal, 1 g E, 4 g F, 14 g KH

BUTTERKEKSE MIT GLASUR

KLASSIKER

FÜR DEN TEIG
300 g Mehl
1 Bio-Zitrone
200 g kalte Butter
100 g Zucker
1 Pck. Vanillezucker
1 Ei (M)
Salz

FÜR GLASUR UND DEKO
2 Eiweiß (M)
400 g Puderzucker
Lebensmittelfarbe (Paste; gelb, grün, rosa)
Zuckerperlen (nach Belieben)

AUSSERDEM
Mehl zum Arbeiten
Ausstecher (z. B. Blume, Vogel)

GUT ZU WISSEN
Bunte Glasuren gelingen mit pastöser Lebensmittelfarbe am besten. Dank ihrer festeren Textur wird der Guss nicht zu flüssig. Dennoch vorsichtig dosieren.

1 Für den Teig das Mehl sieben. Zitrone heiß abwaschen, abtrocknen und die Hälfte der Schale abreiben. Zitronenschale, Butter in kleinen Würfeln, alle übrigen Zutaten und 1 Prise Salz zum Mehl geben. Alles rasch mit den Händen oder mit den Knethaken des Handrührgeräts zu einem glatten Teig verkneten. Den Teig zu einem flachen Rechteck formen und mind. 1 Std. (besser über Nacht) kühlen.

2 Den Backofen auf 180° vorheizen, zwei Backbleche mit Backpapier belegen. Den Teig auf der dünn bemehlten Arbeitsfläche ca. 2 mm dick ausrollen und verschieden große Kekse ausstechen. Die Kekse der Größe nach auf den Blechen verteilen. Nacheinander im Ofen (Mitte) in ca. 6 Min. (kleine Kekse) bzw. ca. 10 Min. (große Kekse) goldgelb backen. Auf einem Kuchengitter auskühlen lassen.

3 Für die Glasur die Eiweiße in einer Rührschüssel mit den Rührbesen des Handrührgeräts zu festem Schnee aufschlagen. Puderzucker sieben, 350 g zum Eischnee geben und glatt verrühren. Die Glasur in vier Portionen teilen. Eine hell lassen, die anderen mit Lebensmittelfarbe gelb, grün und rosa einfärben. Sind die Glasuren zu dick, mit etwas Wasser verdünnen, sind sie zu dünn, den übrigen Puderzucker (50 g) einrühren, bis die gewünschte Konsistenz erreicht ist.

4 Die Glasuren mit einem Pinsel auf die Kekse streichen oder die Kekse vorsichtig hineintauchen. Nach Belieben noch feucht mit Zuckerperlen bestreuen und trocknen lassen.

Für ca. 50 Stück • 35 Min. Zubereitung • 1 Std. Kühlen • 16 Min. Backen • Pro Stück ca. 55 kcal, 1 g E, 3 g F, 7 g KH

TEEBEUTELCHEN

ZUM VERSCHENKEN

210 g Mehl
1 Bio-Zitrone
140 g kalte Butter
70 g Puderzucker
1 Eigelb (M)
½ TL Backpulver
Salz

AUSSERDEM

Mehl zum Arbeiten
100 g Quittengelee (ersatzweise Apfelgelee)
50 g getrocknete essbare Blüten (aus Apotheke oder Teeladen)
Naturgarn

1 Mehl sieben. Zitrone heiß abwaschen, abtrocknen und die Hälfte der Schale abreiben. Zitronenschale, Butter in kleinen Würfeln, alle übrigen Zutaten und 1 Prise Salz zum Mehl geben. Alles rasch zu einem glatten Teig verkneten. Den Teig zu einem flachen Rechteck formen und mind. 1 Std. (besser über Nacht) kühlen.

2 Den Backofen auf 180° vorheizen, zwei Backbleche mit Backpapier belegen. Den Teig auf der bemehlten Arbeitsfläche 2 mm dick ausrollen und in teebeutelgroße Rechtecke (4,5 × 6 cm) schneiden. Die oberen Ecken schräg abschneiden und oben mittig mit einem Holzspieß ein Loch einstechen. Auf die Bleche legen und im Ofen (Mitte) in je ca. 8 Min. goldbraun backen. Auskühlen lassen.

3 Gelee aufkochen. Die Kekse mit dem heißen Gelee bestreichen und das untere Drittel mit Blüten bestreuen. Jeweils ein Stück Garn durch das Loch fädeln und einen Papieranhänger daran befestigen.

Für ca. 60 Stück • 45 Min. Zubereitung • 1 Std. Kühlen • 16 Min. Backen • Pro Stück ca. 95 kcal, 1 g E, 3 g F, 15 g KH

VANILLEKEKSE

GELINGEN LEICHT

280 g Mehl
200 g kalte Butter
100 g gemahlene Mandeln
80 g Puderzucker
2 Pck. Vanillezucker
1 Eigelb (M)
Salz

AUSSERDEM
Mehl zum Arbeiten
Ausstecher (gewellt rund, 4 cm ∅)
600 g Zucker

1 Mehl sieben. Butter in kleinen Würfeln, alle übrigen Zutaten und 1 Prise Salz zum Mehl geben. Alles rasch mit den Händen oder mit den Knethaken des Handrührgeräts zu einem glatten Teig verkneten. Den Teig zu einem flachen Rechteck formen und mind. 1 Std. (besser über Nacht) kühlen.

2 Den Backofen auf 190° vorheizen, zwei Backbleche mit Backpapier belegen. Den Teig auf der dünn bemehlten Arbeitsfläche 5 mm dick ausrollen und Kreise ausstechen. Diese mit etwas Abstand auf die Bleche legen und nacheinander im Ofen (Mitte) je ca. 8 Min. backen. Dabei nicht zu lange backen, sonst brechen die Kekse leicht.

3 Die Kekse aus dem Ofen nehmen, noch heiß großzügig mit Zucker bestreuen und im Zucker auskühlen lassen. Danach herausnehmen. Den verbliebenen Zucker sieben und anderweitig verwenden.

GU CLOU

Kuvertüre und Schokolade werden über einem heißen Wasserbad geschmolzen. Bei der Verwendung dürfen sie nicht heißer als 32° sein, sonst werden sie nicht fest und glänzen nicht. Zu kompliziert? Dann die Kekse einfach mit fertiger Kuchenglasur verzieren.

Für ca. 25 Stück • 1 Std. Zubereitung • 1 Std. Kühlen • 16 Min. Backen • Pro Stück ca. 185 kcal, 2 g E, 7 g F, 17 g KH

HUGO-BLÄTTER

KÖSTLICH GEFÜLLT

FÜR DEN TEIG

250 g Mehl
1 Bio-Limette
125 g kalte Butter
70 g Zucker
1 Pck. Vanillezucker
2 Eigelb (M)
Salz

FÜR DIE FÜLLUNG

200 g weiße Kuvertüre
1 EL Puderzucker
70 g weiche Butter
5 EL Holunderblütensirup

FÜR GLASUR UND DEKO

100 g Puderzucker
4 EL Holunderblütensirup
1 EL Limettensaft
grüne Lebensmittelfarbe (Paste)
1 EL getrocknete Minzeblätter (aus Apotheke oder Teeladen)

AUSSERDEM

Mehl zum Arbeiten
Ausstecher (Blatt, 3 cm ∅)
Einweg-Spritzbeutel

1 Für den Teig das Mehl sieben. Limette heiß abwaschen, abtrocknen und die Schale abreiben. Limettenschale, Butter in kleinen Würfeln, alle übrigen Zutaten und 1 Prise Salz zum Mehl geben. Alles rasch mit den Händen oder mit den Knethaken des Handrührgeräts zu einem glatten Teig verkneten. Zu einem flachen Rechteck formen und mind. 1 Std. kühlen.

2 Den Backofen auf 180° vorheizen, zwei Backbleche mit Backpapier belegen. Den Teig auf der dünn bemehlten Arbeitsfläche ca. 2 mm dick ausrollen. Blätter ausstechen und auf die Bleche legen. Nacheinander im Ofen (Mitte) je ca. 8 Min. backen. Auf einem Kuchengitter auskühlen lassen.

3 Für die Füllung die Kuvertüre hacken, über einem heißen Wasserbad schmelzen und etwas abkühlen lassen. Puderzucker zur Butter sieben und diese cremig rühren. Geschmolzene Kuvertüre und Sirup nach und nach einrühren. Die Masse in den Spritzbeutel füllen, die Spitze abschneiden und jeweils einen Klecks auf die Hälfte der Kekse spritzen. Diese mit den restlichen Keksen zusammensetzen und leicht andrücken.

4 Für die Glasur den Puderzucker sieben. Dann mit Sirup und Limettensaft zu einer dickflüssigen Glasur verrühren. Diese mit Lebensmittelfarbe hellgrün einfärben. Minze zerbröseln. Die Kekse zu einem Drittel mit Glasur bestreichen, mit Minze bestreuen und trocknen lassen. Kühl lagern und rasch verzehren.

Für ca. 40 Stück • 35 Min. Zubereitung • 5 Std. Kühlen • 24 Min. Backen • Pro Stück ca. 60 kcal, 1 g E, 2 g F, 9 g KH

FRANZBRÖTCHEN-KEKSE

MAL WAS ANDERES

180 g Mehl
1 Msp. Backpulver
1 Bio-Orange
90 g weiche Butter
50 g Frischkäse
110 g Zucker
1 Pck. Vanillezucker
1 Eigelb (M)
Salz
2 TL Zimtpulver
100 g Hagelzucker

1 Mehl und Backpulver sieben. Orange heiß abwaschen, abtrocknen und die Hälfte der Schale abreiben. 60 g Butter und Frischkäse verrühren. Orangenschale, 80 g Zucker, Vanillezucker, Eigelb und 1 Prise Salz einrühren. Die Mehlmischung kurz unterrühren. Den Teig zu einem flachen Rechteck formen und mind. 1 Std. kühlen.

2 Den Teig zwischen Backpapier zu einer Platte (20 × 30 cm) ausrollen. Das obere Papier abziehen. Die übrige Butter (30 g) schmelzen. Zimt und übrigen Zucker (30 g) einrühren. Etwas abkühlen lassen, dann zügig auf den Teig streichen. Den Teig von der Querseite her aufrollen. Die Rolle im Hagelzucker wälzen und ca. 4 Std. kühlen.

3 Den Backofen auf 200° vorheizen, zwei Backbleche mit dem benutzten Backpapier belegen. Die Rolle in ca. 5 mm dicke Scheiben schneiden und auf die Bleche legen. Im Ofen (Mitte) in je 10–12 Min. goldgelb backen. Auf einem Kuchengitter auskühlen lassen.

Für ca. 50 Stück • 1 Std. Zubereitung • 1 Std. Kühlen • 16 Min. Backen • Pro Stück ca. 45 kcal, 1 g E, 2 g F, 5 g KH

KNOPFKEKSE

SCHMECKEN GROSS UND KLEIN

250 g Mehl
125 g kalte Butter
75 g Zucker
1 Pck. Vanillezucker
1 Ei (M)
Salz
2 EL Kakaopulver
1 EL Milch

AUSSERDEM
Mehl zum Arbeiten
Ausstecher (rund, 2 und 4 cm ∅)

1 Mehl sieben. Butter in kleinen Würfeln, Zucker, Vanillezucker, Ei und 1 Prise Salz zum Mehl geben. Alles rasch mit den Händen oder mit den Knethaken des Handrührgeräts zu einem glatten Teig verkneten. Den Teig dann halbieren und eine Hälfte mit Kakaopulver und Milch verkneten. Beide Teige zu einem flachen Rechteck formen und mind. 1 Std. (besser über Nacht) kühlen.

2 Den Backofen auf 180° vorheizen, zwei Backbleche mit Backpapier belegen. Die Teige auf der bemehlten Arbeitsfläche 4 mm dick ausrollen und verschieden große Kreise ausstechen. Jeweils den Knopfrand einprägen (z. B. mit einem kleineren Ausstecher) und mit einem Holzspieß Knopflöcher einstechen.

3 Die Kekse der Größe nach auf den Blechen verteilen. Nacheinander im Ofen (Mitte) ca. 6 Min. (kleine Kekse) bzw. ca. 10 Min. (große Kekse) backen. Auf einem Kuchengitter auskühlen lassen.

Für ca. 50 Stück • 50 Min. Zubereitung • 1 Std. Kühlen • 24 Min. Backen • Pro Stück ca. 65 kcal, 1 g E, 3 g F, 9 g KH

TASSENKEKSE

ZUM KAFFEE

300 g Mehl
150 g kalte Butter
75 g Zucker
1 Pck. Vanillezucker
1 Ei (M)
Salz

AUSSERDEM

Mehl zum Arbeiten
Ausstecher (Herz-Tassenkeks, 4 cm)
150 g Puderzucker
2 EL Rosenwasser (ersatzweise Limettensaft)
20 g getrocknete Rosenblütenblätter (aus der Apotheke)

1 Mehl sieben. Butter in kleinen Würfeln, alle übrigen Zutaten und 1 Prise Salz zum Mehl geben. Alles rasch mit den Händen oder mit den Knethaken des Handrührgeräts zu einem glatten Teig verkneten. Den Teig zu einem flachen Rechteck formen und ca. 1 Std. kühlen.

2 Den Backofen auf 180° vorheizen, zwei Backbleche mit Backpapier belegen. Den Teig auf der dünn bemehlten Arbeitsfläche ca. 3 mm dick ausrollen und Kekse ausstechen. Die Kekse auf die Bleche legen und nacheinander im Ofen (Mitte) je ca. 12 Min. backen. Auf einem Kuchengitter auskühlen lassen.

3 Puderzucker sieben und mit dem Rosenwasser verrühren. Die Glasur auf den Keksen verteilen und mit Rosenblütenblättern bestreuen. Auf Backpapier trocknen lassen.

Für ca. 50 Stück • 40 Min. Zubereitung • 40 Min. Kühlen • 40 Min. Backen • Pro Stück ca. 75 kcal, 1 g E, 3 g F, 10 g KH

INGWER-SHORTBREAD

AUS SCHOTTLAND

400 g Mehl
50 g kandierter Ingwer
175 g Zucker
1 Pck. Vanillezucker
250 g weiche gesalzene Butter
Salz

AUSSERDEM
Mehl zum Arbeiten

1 Mehl sieben. Ingwer sehr fein hacken. Ingwer, 125 g Zucker, Vanillezucker, Butter in Würfeln und 1 Prise Salz zum Mehl geben. Alles rasch mit den Knethaken des Handrührgeräts zu einem glatten Teig verkneten. Den Teig ca. 40 Min. kühlen.

2 Den Backofen auf 180° vorheizen, zwei Backbleche mit Backpapier belegen. Den Teig auf der dünn bemehlten Arbeitsfläche 1 cm dick ausrollen und in Stäbchen (2 × 6 cm) schneiden. Die Oberfläche mit einer Gabel mehrfach einstechen. Die Ränder der Stäbchen mit einem Pinsel dünn mit Wasser bestreichen und leicht in den restlichen Zucker (50 g) drücken.

3 Die Kekse auf den Blechen verteilen und im Ofen (Mitte) in je ca. 20 Min. hell backen. Auf einem Kuchengitter auskühlen lassen.

LEOPARDENKEKSE

RAFFINIERT

Für ca. 40 Stück • 1 Std. Zubereitung • 45 Min. Kühlen • 24 Min. Backen • Pro Stück ca. 65 kcal, 1 g E, 3 g F, 8 g KH

250 g Mehl
1 Bio-Zitrone
125 g kalte Butter
125 g Puderzucker
1 Ei (M)
Salz
4 TL Kakaopulver

AUSSERDEM
Mehl zum Arbeiten
Ausstecher (rund, 4 cm ∅)

MEHR DARAUS MACHEN
Die beim Ausstechen anfallenden Teigreste kurz verkneten, bis ein Marmormuster entsteht. Dann ausrollen, Kekse in beliebigen Formen ausstechen und ebenso backen.

1 Mehl sieben. Zitrone heiß abwaschen, abtrocknen und die Schale abreiben. Zitronenschale, Butter in kleinen Würfeln, Puderzucker, Ei und 1 Prise Salz zum Mehl geben. Alles rasch mit den Händen oder mit den Knethaken des Handrührgeräts zu einem glatten Teig verkneten.

2 Zwei Drittel des Teigs abnehmen und kühlen. Unter das restliche Drittel 1 TL Kakaopulver kneten, bis der Teig hellbraun gefärbt ist. Den Teig dann halbieren und eine Hälfte mit dem übrigen Kakaopulver (3 TL) zu einem dunkelbraunen Teig verkneten (Bild 1). Alle Teige ca. 30 Min. kühlen.

3 Danach den dunkelbraunen Teig zu einem Rechteck (ca. 20 × 30 cm) ausrollen. Den hellbraunen Teig zu einer 30 cm langen Rolle formen. Die Rolle in das dunkelbraune Rechteck einrollen (Bild 2) und erneut ca. 15 Min. kühlen.

4 Den hellen Teig auf der dünn bemehlten Arbeitsfläche ca. 6 mm dick ausrollen. Die Teigrolle in 2 mm dicke Scheiben schneiden und dies wild auf der Teigplatte verteilen (Bild 3). Die Platte mit Frischhaltefolie belegen und mit dem Nudelholz auf eine Dicke von 5 mm glatt rollen (Bild 4).

5 Den Backofen auf 180° vorheizen, zwei Backbleche mit Backpapier belegen. Aus dem Teig Kreise ausstechen (Bild 5) und auf den Blechen verteilen. Die Kekse nacheinander im Ofen (Mitte) jeweils ca. 12 Min. backen. Herausnehmen und auf einem Kuchengitter auskühlen lassen (Bild 6).

Für ca. 25 Stück • 20 Min. Zubereitung • 1 Std. Kühlen • 24 Min. Backen • Pro Stück ca. 125 kcal, 2 g E, 7 g F, 13 g KH

STEMPELKEKSE

GELINGEN LEICHT

300 g Mehl
1 Bio-Orange
200 g kalte Butter
100 g Zucker
1 Ei (M)
1 Msp. gemahlene Tonkabohne
Salz

AUSSERDEM
Mehl zum Arbeiten
Keksstempel (6 cm ∅)
Ausstecher (gewellt rund, 6 cm ∅)

1 Mehl sieben. Orange heiß abwaschen, abtrocknen und die Schale abreiben. Orangenschale, Butter in kleinen Würfeln, alle übrigen Zutaten und 1 Prise Salz zum Mehl geben. Alles rasch mit den Händen oder mit den Knethaken des Handrührgeräts zu einem glatten Teig verkneten. Den Teig zu einem flachen Rechteck formen und mind. 1 Std. (besser über Nacht) kühlen.

2 Den Backofen auf 170° vorheizen, zwei Backbleche mit Backpapier belegen. Den Teig auf der dünn bemehlten Arbeitsfläche ca. 4 mm dick ausrollen. Den Keksstempel auf den Teig drücken, dann mit dem Ausstecher Kreise ausstechen.

3 Die Kekse auf die Bleche legen und nacheinander im Ofen (Mitte) je ca. 12 Min. backen. Auf einem Kuchengitter auskühlen lassen.

Für ca. 25 Stück • 35 Min. Zubereitung • 24 Min. Backen • Pro Stück ca. 130 kcal, 2 g E, 8 g F, 14 g KH

BUTTERKRINGEL MIT VANILLE

AUS IRLAND

300 g Mehl
1 Vanilleschote
1 Bio-Zitrone
200 g weiche Butter
125 g Puderzucker
Salz
3 Eigelb (M)

AUSSERDEM
Spritzbeutel mit Sterntülle (10 mm ∅)

1 Mehl sieben. Vanilleschote längs aufschneiden und das Mark herausschaben. Zitrone heiß abwaschen, abtrocknen und die Hälfte der Schale abreiben. Butter, Puderzucker, Vanillemark, Zitronenschale und 1 Prise Salz in einer Rührschüssel mit den Rührbesen des Handrührgeräts cremig rühren. Dann die Eigelbe einzeln einrühren. Zuletzt das Mehl kurz unterrühren.

2 Den Backofen auf 180° vorheizen, zwei Backbleche mit Backpapier belegen. Den Teig in den Spritzbeutel füllen und Kringel (5 cm ∅) auf die Bleche spritzen. Dabei ausreichend Abstand dazwischen lassen, da die Kekse beim Backen etwas verlaufen.

3 Die Kringel nacheinander im Ofen (Mitte) je ca. 12 Min. backen. Auf einem Kuchengitter auskühlen lassen.

Für ca. 30 Stück • 40 Min. Zubereitung • 1 Std. 10 Min. Kühlen • 20 Min. Backen • Pro Stück ca. 90 kcal, 1 g E, 5 g F, 11 g KH

MELONENKEKSE

BUNTE MEISTERSTÜCKCHEN

FÜR DEN TEIG

260 g Mehl
140 g kalte Butter
120 g Puderzucker
1 Pck. Vanillezucker
1 Ei (M)
Salz
Lebensmittelfarbe (Paste; rot und grün)
1 Eiweiß (M)

FÜR DIE DEKO

40 g Schokotropfen (backfest)

1 Für den Teig das Mehl sieben. Butter in kleinen Würfeln, Puderzucker, Vanillezucker, Ei und 1 Prise Salz zum Mehl geben. Alles rasch mit den Händen oder mit den Knethaken des Handrührgeräts zu einem glatten Teig verkneten.

2 Den Teig halbieren und eine Hälfte mit Lebensmittelfarbe melonenrot einfärben. Den rot gefärbten Teig dann zu einer Rolle (ca. 5 cm ∅) formen und ca. 30 Min. kühlen.

3 Die zweite Teighälfte nochmals halbieren. Eine Hälfte hell lassen, die andere grün einfärben. Hellen und grünen Teig zu einem flachen Rechteck formen und ca. 30 Min. kühlen.

4 Danach den hellen Teig zu einem Rechteck in Länge der roten Teigrolle ausrollen. Die rote Teigrolle mit etwas Eiweiß bestreichen und in das helle Rechteck einrollen. Dann den grünen Teig zu einem Rechteck ausrollen. Die Teigrolle wieder mit etwas Eiweiß bestreichen und in das grüne Rechteck einrollen. Die Rolle nochmals ca. 40 Min kühlen.

5 Den Backofen auf 180° vorheizen, zwei Backbleche mit Backpapier belegen. Die Teigrolle in ca. 5 mm dicke Scheiben schneiden, diese halbieren und auf die Bleche legen.

6 Für die Deko je 3 Schokotropfen als Kerne in die Kekse drücken. Die Kekse nacheinander im Ofen (Mitte) in je ca. 10 Min. hell backen. Auf einem Kuchengitter auskühlen lassen.

FRUCHTIGE LIEBLINGE

Für ca. 35 Stück • 45 Min. Zubereitung • 1 Std. Kühlen • 20 Min. Backen • Pro Stück ca. 115 kcal, 1 g E, 6 g F, 14 g KH

LEMON-CURD-KEKSE

HERZENSBRECHER

FÜR DEN TEIG
300 g Mehl
1 Bio-Zitrone
200 g kalte Butter
100 g gemahlene gehäutete Mandeln
150 g Zucker
2 Eier (M)
Salz

FÜR FÜLLUNG UND DEKO
200 g Lemon Curd
Puderzucker zum Bestreuen

AUSSERDEM
Mehl zum Arbeiten
Ausstecher (rund, 4 cm ∅)
Ausstecher (Herz, 1,5 cm ∅)
Einweg-Spritzbeutel

MEHR DARAUS MACHEN
Die ausgestochenen Herzen ebenfalls backen und pur genießen oder mit einem Klecks Lemon Curd zu kleinen Doppeldeckern zusammensetzen.

1 Für den Teig das Mehl sieben. Zitrone heiß abwaschen, abtrocknen und die Schale abreiben. Zitronenschale, Butter in kleinen Würfeln, alle übrigen Zutaten und 1 Prise Salz zum Mehl geben. Alles rasch mit den Händen oder mit den Knethaken des Handrührgeräts zu einem glatten Teig verkneten. Den Teig zu einem flachen Rechteck formen und mind. 1 Std. (besser über Nacht) kühlen.

2 Den Backofen auf 180° vorheizen, zwei Backbleche mit Backpapier belegen. Den Teig auf der dünn bemehlten Arbeitsfläche ca. 2 mm dick ausrollen und Kreise ausstechen.

3 Die Kreise auf die Backbleche legen und bei der Hälfte mittig ein Herz ausstechen. Die Kekse nacheinander im Ofen (Mitte) in jeweils 8–10 Min. goldgelb backen. Herausnehmen und auf einem Kuchengitter auskühlen lassen.

4 Für die Füllung den Lemon Curd glatt rühren, in den Spritzbeutel füllen und die Spitze abschneiden. Jeweils einen Klecks auf die Kekse ohne Herz spritzen. Die Kekse mit Herz mit Puderzucker bestreuen, dann vorsichtig auf die Kekse mit Lemon Curd legen und leicht andrücken.

Für ca. 30 Stück • 1 Std. Zubereitung • 28 Min. Backen • Pro Stück ca. 185 kcal, 3 g E, 12 g F, 17 g KH

KIRSCH-MOHN-KRINGEL

BESONDERS

280 g Mehl
250 g weiche Butter
130 g Puderzucker
1 Pck. Vanillezucker
3 Tropfen Bittermandelöl
Salz
250 g Backmohn

AUSSERDEM
Spritzbeutel mit Sterntülle (10 mm ∅)
150 g Kirschkonfitüre
Einweg-Spritzbeutel
120 g weiße Schokolade

1 Mehl sieben. Butter, Puderzucker, Vanillezucker, Bittermandelöl und 1 Prise Salz in einer Rührschüssel mit den Rührbesen des Handrührgeräts cremig rühren. Mehl und Mohn kurz unterrühren.

2 Den Backofen auf 180° vorheizen, zwei Backbleche mit Backpapier belegen. Den Teig in den Spritzbeutel mit Sterntülle füllen und Kringel (4 cm ∅) auf die Bleche spritzen. Nacheinander im Ofen (Mitte) je ca. 14 Min. backen. Auf einem Kuchengitter auskühlen lassen.

3 Die Konfitüre mit dem Pürierstab glatt mixen. In den Einweg-Spritzbeutel füllen und die Spitze abschneiden. Die Hälfte der Kekse umdrehen und die Konfitüre auf die Unterseite spritzen. Diese Kekse mit den übrigen Keksen zusammensetzen. Schokolade hacken und in einer Schüssel über einem heißen Wasserbad schmelzen. Die Kringel jeweils zu einem Drittel hineintauchen und trocknen lassen.

Für ca. 40 Stück • 1 Std. Zubereitung • 1 Std. Kühlen • 24 Min. Backen • Pro Stück ca. 125 kcal, 2 g E, 7 g F, 15 g KH

BUNTE BUTTERBLUMEN

KLASSIKER

450 g Mehl
1 Bio-Zitrone
300 g kalte Butter
150 g Zucker
2 Pck. Vanillezucker
1 Ei (M)
1 Eigelb (M)
Salz

AUSSERDEM
Mehl zum Arbeiten
Ausstecher (Blume, 4 cm ∅)
Ausstecher (rund, 1 cm ∅)
200 g Konfitüre (gelb und rot)
2 Einweg-Spritzbeutel
Puderzucker zum Bestreuen

1 Mehl sieben. Zitrone heiß abwaschen, abtrocknen und die Schale abreiben. Zitronenschale, Butter in kleinen Würfeln, übrige Zutaten und 1 Prise Salz zum Mehl geben. Alles rasch zu einem glatten Teig verkneten. Den Teig zu einem flachen Rechteck formen und mind. 1 Std. (besser über Nacht) kühlen.

2 Den Backofen auf 180° vorheizen, zwei Backbleche mit Backpapier belegen. Den Teig auf der dünn bemehlten Arbeitsfläche 2 mm dick ausrollen. Blumen ausstechen, auf die Bleche legen und bei der Hälfte mittig einen Kreis ausstechen. Im Ofen (Mitte) in je 8–12 Min. goldgelb backen. Auskühlen lassen.

3 Die Konfitüren glatt rühren, in die Spritzbeutel füllen und die Spitzen abschneiden. Jeweils einen Klecks Konfitüre auf die Kekse ohne Loch geben. Die Kekse mit Loch mit Puderzucker bestreuen, auf die Kekse mit Konfitüre legen und leicht andrücken.

Für ca. 50 Stück • 35 Min. Zubereitung • 2 Std. Kühlen • 30 Min. Backen • Pro Stück ca. 55 kcal, 1 g E, 3 g F, 6 g KH

AMARENA-PISTAZIEN-TALER

GÄSTEFEIN

15 Amarenakirschen
190 g Mehl
30 g Speisestärke
1 TL Backpulver
125 g kalte Butter
100 g Zucker
2 EL Milch
50 g gehackte Pistazien
Salz

AUSSERDEM
Mehl zum Arbeiten
100 g Zartbitter-Kuvertüre
Einweg-Spritzbeutel

1 Kirschen abtropfen lassen, dann würfeln. Mehl, Speisestärke und Backpulver sieben. Butter in kleinen Würfeln, alle übrigen Zutaten und 1 Prise Salz zur Mehlmischung geben. Alles rasch mit den Händen oder mit den Knethaken des Handrührgeräts zu einem glatten Teig verkneten. Den Teig auf der bemehlten Arbeitsfläche zu zwei Rollen (ca. 4 cm Ø, 25 cm lang) formen und ca. 2 Std. kühlen.

2 Den Backofen auf 190° vorheizen, zwei Backbleche mit Backpapier belegen. Die Rollen mit einem scharfen Messer in ca. 1 cm dicke Scheiben schneiden. Die Kekse auf die Bleche legen und nacheinander im Ofen (Mitte) jeweils ca. 15 Min. backen. Herausnehmen und auf einem Kuchengitter auskühlen lassen.

3 Kuvertüre im heißen Wasserbad schmelzen. In den Spritzbeutel füllen, die Spitze abschneiden und Linien auf die Kekse spritzen.

Für ca. 25 Stück • 35 Min. Zubereitung • 5 Std. Kühlen • 12 Min. Backen • Pro Stück ca. 105 kcal, 1 g E, 3 g F, 17 g KH

LIMETTEN-CRINKLE-COOKIES

AUS DEN USA

220 g Mehl
2 TL Backpulver
1 Bio-Limette
80 g weiche Butter
180 g Zucker
1 Ei (L)
15 g Kokosraspel
80 g Puderzucker

1 Mehl und Backpulver sieben. Limette heiß abwaschen und abtrocknen. Die Schale abreiben und 2 EL Saft auspressen. Butter, 100 g Zucker und Limettenschale in einer Rührschüssel mit den Rührbesen des Handrührgeräts cremig rühren. Ei, Limettensaft und Kokosraspel einrühren. Die Mehlmischung nach und nach untermischen, sodass ein fluffig-weicher Teig entsteht. Den Teig ca. 5 Std. kühlen.

2 Den Backofen auf 180° vorheizen, ein Backblech mit Backpapier belegen. Übrigen Zucker (80 g) und Puderzucker getrennt in zwei tiefe Teller geben. Vom Teig mit zwei Teelöffeln Portionen (à 20 g) abstechen und zu Kugeln formen. Die Kugeln zuerst im Zucker, dann im Puderzucker wälzen, bis rundum eine dicke Puderzuckerschicht entsteht.

3 Die Kugeln mit etwas Abstand auf das Blech setzen und im Ofen (Mitte) ca. 12 Min. backen. Auf einem Kuchengitter auskühlen lassen.

Für ca. 30 Stück • 1 Std. Zubereitung • 16 Min. Backen • Pro Stück ca. 135 kcal, 1 g E, 6 g F, 14 g KH

KAKAO-KIRSCH-STANGEN

BESONDERER GENUSS

250 g Mehl
25 g Speisestärke
20 g Kakaopulver
200 g weiche Butter
100 g Puderzucker
1 Pck. Vanillezucker
Salz
1 Ei (M)

AUSSERDEM
Spritzbeutel mit Sterntülle (10 mm ∅)
100 g Kirschkonfitüre
100 g weiße Kuvertüre
Einweg-Spritzbeutel
50 g Schokoladenstreusel

1 Mehl, Speisestärke und Kakaopulver sieben. Butter, Puderzucker, Vanillezucker und 1 Prise Salz in einer Rührschüssel mit den Rührbesen des Handrührgeräts cremig rühren. Ei einrühren, dann die Mehlmischung kurz unterrühren.

2 Den Backofen auf 200° vorheizen, zwei Backbleche mit Backpapier belegen. Den Teig in den Spritzbeutel mit Sterntülle füllen und 4 cm lange Stangen auf die Bleche spritzen. Im Ofen (Mitte) je ca. 8 Min. backen. Auf einem Kuchengitter auskühlen lassen.

3 Konfitüre mit dem Pürierstab glatt mixen, in den Einweg-Spritzbeutel füllen und die Spitze abschneiden. Bei der Hälfte der Kekse etwas Konfitüre auf die Unterseite spritzen. Diese Kekse mit den übrigen Keksen zusammensetzen. Kuvertüre über einem heißen Wasserbad schmelzen. Die Stangen zu einem Drittel hineintauchen, mit Schokoladenstreuseln bestreuen und trocknen lassen.

Für ca. 70 Stück • 45 Min. Zubereitung • 4 Std. Kühlen • 30 Min. Backen • Pro Stück ca. 80 kcal, 2 g E, 4 g F, 9 g KH

MARILLEN-KÜRBIS-SCHNECKEN

AUS ÖSTERREICH

300 g Mehl
1 Bio-Limette
180 g weiche Butter
160 g Zucker
1 Pck. Vanillezucker
Salz
1 Ei (M)
50 g gehackte Pistazien
250 g Marillenkonfitüre (Aprikosenkonfitüre)
300 g Kürbiskernmehl

AUSSERDEM
Mehl zum Arbeiten

1 Mehl sieben. Limette heiß abwaschen, abtrocknen und die Hälfte der Schale abreiben. Butter, Zucker, Vanillezucker, 1 Prise Salz und Limettenschale mit den Rührbesen des Handrührgeräts cremig rühren. Ei einrühren, dann Mehl und Pistazien unterkneten. Den Teig zu einem flachen Rechteck formen und mind. 1 Std. kühlen.

2 Den Teig halbieren und jede Hälfte auf der dünn bemehlten Arbeitsfläche zu einem Rechteck (20 × 30 cm) ausrollen. Konfitüre glatt rühren und auf die Platten streichen, dabei rundum 1 cm Rand lassen. Die Platten jeweils von der Querseite her aufrollen. Die Rollen im Kürbiskernmehl wälzen und ca. 3 Std. kühlen.

3 Den Backofen auf 180° vorheizen, zwei Backbleche mit Backpapier belegen. Die Rollen in ca. 5 mm dicke Scheiben schneiden, diese auf den Blechen und einem Bogen Backpapier verteilen. Im Ofen (Mitte) in je ca. 10 Min. goldbraun backen. Auskühlen lassen.

Für ca. 35 Stück • 45 Min. Zubereitung • 1 Std. Kühlen • 24 Min. Backen • Pro Stück ca. 130 kcal, 2 g E, 6 g F, 15 g KH

OCHSENAUGEN

KLASSIKER

FÜR DEN TEIG

220 g Mehl
1 Bio-Zitrone
120 g kalte Butter
50 g Puderzucker
3 Eier (M)
Salz

FÜR DIE MAKRONENMASSE

300 g Marzipanrohmasse
1 Pck. Vanillezucker
2 Eiweiß (M)

FÜR DIE FÜLLUNG

300 g Konfitüre (gelb und rot; ersatzweise Gelee)

AUSSERDEM

Spritzbeutel mit Sterntülle (8 mm ∅)
Mehl zum Arbeiten
Ausstecher (gewellt rund, 5 cm ∅)

DEKO-TIPP

Mit Konfitüre in verschiedenen Farben gefüllt, sehen die Kekse besonders hübsch aus.

1 Für den Teig das Mehl sieben. Zitrone heiß abwaschen, abtrocknen und 1 TL Schale abreiben. Zitronenschale, Butter in kleinen Würfeln, Puderzucker, Eier und 1 Prise Salz zum Mehl geben. Alles rasch mit den Händen oder mit den Knethaken des Handrührgeräts zu einem glatten Teig verkneten. Den Teig zu einem flachen Rechteck formen und mind. 1 Std. kühlen.

2 Für die Makronenmasse das Marzipan grob in eine Rührschüssel bröseln. Vanillezucker und 1 Eiweiß zugeben und alles mit den Rührbesen des Handrührgeräts glatt rühren. Das übrige Eiweiß einrühren und die Masse in den Spritzbeutel füllen.

3 Den Backofen auf 180° vorheizen, zwei Backbleche mit Backpapier belegen. Den Teig auf der dünn bemehlten Arbeitsfläche ca. 3 mm dick ausrollen. Kreise ausstechen und mit etwas Abstand auf die Bleche legen.

4 Auf den Rand der Kekse jeweils einen Ring Makronenmasse spritzen. Die Kekse nacheinander im Ofen (Mitte) je ca. 12 Min. backen. Auf einem Kuchengitter auskühlen lassen.

5 Für die Füllung die Konfitüre in einem Topf ca. 1 Min. aufkochen. Die flüssige Konfitüre dann mit einem Esslöffel randhoch in die Mitte der Ochsenaugen füllen.

Für ca. 70 Stück • 30 Min. Zubereitung • 4 Std. Kühlen • 30 Min. Backen • Pro Stück ca. 50 kcal, 1 g E, 3 g F, 6 g KH

ORANGEN-CHIA-SWIRLS

AROMATISCH

300 g Mehl
1 Bio-Orange
180 g weiche Butter
165 g Zucker
1 Pck. Vanillezucker
Salz
1 Ei (M)
250 g Orangenmarmelade
50 g Chia-Samen

AUSSERDEM
Mehl zum Arbeiten

1 Mehl sieben. Orange heiß abwaschen, abtrocknen und die Hälfte der Schale abreiben. Butter, Zucker, Vanillezucker, 1 Prise Salz und Orangenschale mit den Rührbesen des Handrührgeräts cremig rühren. Ei einrühren, dann das Mehl unterkneten. Den Teig zu einem flachen Rechteck formen und mind. 1 Std. kühlen.

2 Den Teig halbieren und jede Hälfte auf der dünn bemehlten Arbeitsfläche zu einem Rechteck (20 × 30 cm) ausrollen. Marmelade glatt rühren und auf die Platten streichen, dabei rundum 1 cm Rand lassen. Die Platten jeweils von der Querseite her aufrollen. Die Rollen vorsichtig in den Chia-Samen wälzen und ca. 3 Std. kühlen.

3 Den Backofen auf 180° vorheizen, zwei Backbleche mit Backpapier belegen. Die Rollen in ca. 5 mm dicke Scheiben schneiden, diese auf den Blechen und einem Bogen Backpapier verteilen. Im Ofen (Mitte) in je ca. 10 Min. goldbraun backen. Auskühlen lassen.

Für ca. 70 Stück • 30 Min. Zubereitung • 4 Std. Kühlen • 30 Min. Backen • Pro Stück ca. 60 kcal, 1 g E, 3 g F, 8 g KH

BEEREN-SCHNECKEN

FARBENFROH

300 g Mehl
1 Bio-Zitrone
180 g weiche Butter
165 g Zucker
1 Pck. Vanillezucker
Salz
1 Ei (M)
50 g gehackte Pistazien
250 g Rote-Beeren-Konfitüre

AUSSERDEM
Mehl zum Arbeiten

1 Mehl sieben. Zitrone heiß abwaschen, abtrocknen und die Hälfte der Schale abreiben. Butter, Zucker, Vanillezucker, 1 Prise Salz und Zitronenschale mit den Rührbesen des Handrührgeräts cremig rühren. Ei einrühren, dann Mehl und Pistazien unterkneten. Den Teig zu einem flachen Rechteck formen und mind. 1 Std. kühlen.

2 Den Teig halbieren und auf der dünn bemehlten Arbeitsfläche zu Rechtecken (20 × 30 cm) ausrollen. Konfitüre glatt rühren und auf die Platten streichen, dabei rundum 1 cm Rand lassen. Die Platten jeweils von der Querseite her aufrollen. Die Rollen ca. 3 Std. kühlen.

3 Den Backofen auf 180° vorheizen, zwei Backbleche mit Backpapier belegen. Die Rollen in ca. 5 mm dicke Scheiben schneiden. Die Kekse auf den Blechen und einem weiteren Bogen Backpapier verteilen. Nacheinander im Ofen (Mitte) in je ca. 10 Min. goldbraun backen. Auf einem Kuchengitter auskühlen lassen.

Für ca. 50 Stück • 45 Min. Zubereitung • 1 Std. Kühlen • 30 Min. Backen • Pro Stück ca. 85 kcal, 1 g E, 4 g F, 11 g KH

BROMBEER-STREUSEL-ECKEN

RAFFINIERT

FÜR DEN TEIG
200 g Mehl
1 Bio-Orange
125 g kalte Butter
75 g Zucker
1 Pck. Vanillezucker
1 Ei (M)
Salz

FÜR DEN BELAG
150 g Mehl
100 g kalte Butter
60 g Zucker
Salz
250 g Brombeerkonfitüre

AUSSERDEM
Mehl zum Arbeiten

GUT ZU WISSEN
Die Kekse schmecken wirklich mit jeder Konfitüre. Also gerne mal abwechseln. Aber Achtung: Kein Gelee verwenden, denn es verläuft beim Backen.

1 Für den Teig das Mehl sieben. Orange heiß abwaschen, abtrocknen und die Schale fein abreiben.

2 Orangenschale, Butter in kleinen Würfeln, alle übrigen Zutaten und 1 Prise Salz zum Mehl geben. Alles rasch mit den Händen oder mit den Knethaken des Handrührgeräts zu einem glatten Teig verkneten. Den Teig zu einem flachen Rechteck formen und mind. 1 Std. (besser über Nacht) kühlen.

3 Für den Belag das Mehl in eine Rührschüssel sieben. Butter in kleinen Würfeln, Zucker und 1 Prise Salz zugeben. Alles mit den Rührbesen des Handrührgeräts zuerst auf kleiner, dann auf höherer Stufe zu feinen Streuseln verrühren.

4 Den Backofen auf 180° vorheizen, zwei Backbleche mit Backpapier belegen. Den Teig auf der dünn bemehlten Arbeitsfläche ca. 3 mm dick ausrollen und in Quadrate (3 × 3 cm) schneiden. Die Kekse auf die Bleche legen.

5 Die Konfitüre glatt rühren. Jeweils einen kleinen Klecks auf die Quadrate geben und leicht verstreichen. Dann die Streusel darauf verteilen. Die Kekse nacheinander im Ofen (Mitte) je ca. 15 Min. backen. Auf einem Kuchengitter auskühlen lassen.

MIT NUSS & SCHOKOLADE

Für ca. 50 Stück • 50 Min. Zubereitung • 2 Std. Kühlen • 24 Min. Backen • Pro Stück ca. 75 kcal, 1 g E, 4 g F, 8 g KH

SALTED-TOFFEE-TALER

GÄSTEFEIN

FÜR DEN TEIG
300 g Mehl
200 g kalte Butter
100 g Zucker
1 Pck. Vanillezucker
1 Ei (M)
Salz

FÜR DAS TOFFEE
30 g Butter
50 g Zucker
1 EL Honig
3 EL Sahne

FÜR DIE DEKO
40 g Erdnusskerne
3 Prisen Fleur de Sel

AUSSERDEM
Mehl zum Arbeiten

TAUSCH-TIPP
Wer unter einer Erdnussallergie leidet, tauscht die Erdnüsse einfach gegen eine Nusssorte, die problemlos vertragen wird.

1 Für den Teig das Mehl sieben. Butter in kleinen Würfeln, alle übrigen Zutaten und 1 Prise Salz zum Mehl geben. Alles rasch mit den Händen oder mit den Knethaken des Handrührgeräts zu einem glatten Teig verkneten. Den Teig auf der dünn bemehlten Arbeitsfläche zu zwei Rollen (ca. 4 cm ∅, 25 cm lang) formen und mind. 2 Std. (besser über Nacht) kühlen.

2 Den Backofen auf 190° vorheizen, zwei Backbleche mit Backpapier belegen. Die Teigrollen mit einem scharfen Messer in ca. 1 cm dicke Scheiben schneiden. Die Kekse auf die Bleche legen und nacheinander im Ofen (Mitte) je ca. 12 Min. backen. Auf einem Kuchengitter auskühlen lassen.

3 Für das Toffee Butter, Zucker, Honig und Sahne in einem Topf langsam erhitzen, bis sich der Zucker aufgelöst hat und eine goldbraune Masse entstanden ist. Das Toffee vom Herd nehmen und lauwarm abkühlen lassen.

4 Inzwischen für die Deko die Erdnüsse grob hacken. Mit einem Löffel jeweils einen Klecks Toffee auf den Keksen verteilen. Mit Erdnüssen und Fleur de Sel bestreuen.

Für ca. 35 Stück • 35 Min. Zubereitung • 24 Min. Backen • Pro Stück ca. 95 kcal, 1 g E, 6 g F, 8 g KH

KOKOSKUGELN

MIT EINEM HAUCH EXOTIK

125 g Mehl
2 TL Backpulver
50 g weiche Butter
125 g Zucker
1 Pck. Vanillezucker
Salz
1 Ei (M)
3 Tropfen Bittermandelöl
2 EL Milch
200 g Kokosraspel

AUSSERDEM

100 g weiße Kuvertüre (ersatzweise weiße Kuchenglasur)
Einweg-Spritzbeutel

1 Mehl und Backpulver sieben. Butter, Zucker, Vanillezucker und 1 Prise Salz mit den Rührbesen des Handrührgeräts cremig rühren. Ei einrühren, dann Bittermandelöl zugeben. Mehlmischung und Milch langsam unterrühren. Zuletzt die Kokosraspel einrühren.

2 Den Backofen auf 180° vorheizen, zwei Backbleche mit Backpapier belegen. Vom Teig kleine Portionen abnehmen, zu Kugeln formen und auf die Bleche legen. Die Kekse im Ofen (Mitte) jeweils 10–12 Min. backen. Auf einem Kuchengitter auskühlen lassen.

3 Kuvertüre hacken und über einem heißen Wasserbad schmelzen. In den Spritzbeutel füllen und die Spitze fein abschneiden. Die Kekse mit feinen Linien überziehen. Auf Backpapier trocknen lassen.

Für ca. 30 Stück • 45 Min. Zubereitung • 40 Min. Kühlen • 15 Min. Backen • Pro Stück ca. 165 kcal, 2 g E, 9 g F, 19 g KH

IGEL-KEKSE

KINDERLIEBLING

300 g Mehl
100 g gemahlene gehäutete Mandeln
220 g weiche Butter
170 g Puderzucker
Salz
1 Ei (M)
20 g Schokotropfen (backfest)
180 g Zartbitter-Kuvertüre
120 g Zartbitter-Schokoladenstreusel

1 Mehl sieben und mit den Mandeln mischen. Butter, Puderzucker und 1 Prise Salz in einer Rührschüssel mit den Rührbesen des Handrührgeräts cremig rühren. Ei einrühren, dann die Mehl-Mandel-Mischung kurz unterkneten. Den Teig ca. 40 Min. kühlen.

2 Den Backofen auf 180° vorheizen, ein Backblech mit Backpapier belegen. Vom Teig walnussgroße Portionen abnehmen. Die Portionen zuerst zu Kugeln, dann zu Tropfen formen. Jeweils an der spitzen Seite 2 Schokotropfen als Augen und 1 Schokotropfen als Nase hineindrücken. Die Kekse im Ofen (Mitte) ca. 15 Min. backen. Auf einem Kuchengitter auskühlen lassen.

3 Die Kuvertüre grob hacken und über einem heißen Wasserbad schmelzen. Jeweils die hintere, runde Seite der Igel in die Kuvertüre tauchen und mit Schokoladenstreuseln bestreuen. Trocknen lassen.

Für ca. 40 Stück • 1 Std. Zubereitung • 1 Std. Kühlen • 20 Min. Backen • Pro Stück ca. 125 kcal, 2 g E, 10 g F, 7 g KH

BÄRCHEN-KEKSE

ZUM VERSCHENKEN

225 g Mehl
1 Bio-Zitrone
150 g kalte Butter
75 g Puderzucker
1 Eigelb (M)
1 TL Vanillezucker
Salz

AUSSERDEM
Mehl zum Arbeiten
Ausstecher (Bärchen, 4 cm)
200 g Haselnusskerne (ersatzweise Mandeln)
braune Zuckerschrift (Tube)

1 Mehl sieben. Zitrone heiß abwaschen, abtrocknen und die Schale abreiben. Zitronenschale, Butter in kleinen Würfeln, alle übrigen Zutaten und 1 Prise Salz zum Mehl geben. Alles rasch mit den Händen oder mit den Knethaken des Handrührgeräts zu einem glatten Teig verkneten. Den Teig zu einem flachen Rechteck formen und mind. 1 Std. (besser über Nacht) kühlen.

2 Den Backofen auf 175° vorheizen, zwei Backbleche mit Backpapier belegen. Den Teig auf der dünn bemehlten Arbeitsfläche 2 mm dick ausrollen. Bärchen ausstechen und auf die Bleche legen.

3 Auf jedes Bärchen 1 Haselnuss setzen, die Arme darüberlegen und leicht andrücken. Die Kekse nacheinander im Ofen (Mitte) je ca. 10 Min. backen. Auf einem Kuchengitter auskühlen lassen. Dann jeweils Augen und Nase mit Zuckerschrift aufmalen.

Für ca. 15 Stück • 45 Min. Zubereitung • 50 Min. Kühlen • 32 Min. Backen • Pro Stück ca. 210 kcal, 4 g E, 13 g F, 20 g KH

SANDWICHKEKSE

DOPPELDECKER

250 g Mehl
125 g kalte Butter
125 g Puderzucker
1 Pck. Vanillezucker
1 Ei (M)
Salz

AUSSERDEM
Mehl zum Arbeiten
Ausstecher (gewellt rund, 8 cm ∅)
Ausstecher (Krone, 2 cm ∅)
200 g Zartbitter-Kuvertüre
100 g Sahne
Einweg-Spritzbeutel

1 Mehl sieben. Butter in kleinen Würfeln, alle übrigen Zutaten und 1 Prise Salz zum Mehl geben. Alles rasch zu einem glatten Teig verkneten. Zu einem flachen Rechteck formen und ca. 30 Min. kühlen.

2 Den Backofen auf 180° vorheizen, zwei Bleche mit Backpapier belegen. Den Teig auf der bemehlten Arbeitsfläche 4 mm dick ausrollen, Kreise ausstechen, auf die Bleche legen. Bei der Hälfte eine Krone einprägen und mit einem Holzspieß rundum kleine Löcher einstechen. Im Ofen (Mitte) je ca. 16 Min. backen. Auskühlen lassen.

3 Kuvertüre hacken und in eine Schüssel geben. Sahne aufkochen, darübergießen und die Kuvertüre anschmelzen lassen. Mit einem Schneebesen glatt rühren und ca. 20 Min. kühlen. Dann mit dem Handrührgerät cremig rühren, in den Spritzbeutel füllen und die Spitze abschneiden. Die Kekse ohne Prägung auf der Unterseite mit Ganache bespritzen. Mit den übrigen Keksen zusammensetzen.

Für ca. 50 Stück • 35 Min. Zubereitung • 2 Std. Kühlen • 30 Min. Backen • Pro Stück ca. 65 kcal, 1 g E, 4 g F, 7 g KH

CASHEW-INGWER-TALER

FEIN WÜRZIG

190 g Mehl
30 g Speisestärke
1 TL Backpulver
40 g Cashewkerne
20 g kandierter Ingwer
125 g kalte Butter
100 g Zucker
2 EL Milch
Salz

AUSSERDEM
Mehl zum Arbeiten
150 g Zartbitter-Kuvertüre
Einweg-Spritzbeutel

1 Mehl, Speisestärke und Backpulver sieben. Cashewkerne und Ingwer fein hacken. Cashews, Ingwer, Butter in kleinen Würfeln, Zucker, Milch und 1 Prise Salz zum Mehl geben. Alles rasch mit den Händen oder mit den Knethaken des Handrührgeräts zu einem glatten Teig verkneten. Den Teig auf der dünn bemehlten Arbeitsfläche zu zwei Rollen (ca. 4 cm ∅, 25 cm lang) formen und mind. 2 Std. kühlen.

2 Den Backofen auf 190° vorheizen, zwei Backbleche mit Backpapier belegen. Die Teigrollen mit einem scharfen Messer in ca. 1 cm dicke Scheiben schneiden. Die Kekse auf die Bleche legen und nacheinander im Ofen (Mitte) jeweils ca. 15 Min. backen. Auf einem Kuchengitter auskühlen lassen.

3 Kuvertüre hacken und über einem heißen Wasserbad schmelzen. Dann in den Spritzbeutel füllen, die Spitze abschneiden und die Taler mit feinen Linien überziehen. Trocknen lassen.

Für ca. 70 Stück • 55 Min. Zubereitung • 1 Std. Kühlen • 27 Min. Backen • Pro Stück ca. 50 kcal, 1 g E, 3 g F, 6 g KH

SCHOKO-MANDEL-TALER

DUNKLER GENUSS

270 g Mehl
30 g Kakaopulver
180 g kalte Butter
50 g gehackte Mandeln
165 g Zucker
1 Pck. Vanillezucker
1 Ei (M)
Salz

AUSSERDEM
Mehl zum Arbeiten
100 g Zartbitter-Schokolade

1 Mehl und Kakaopulver sieben. Butter in kleinen Würfeln, alle übrigen Zutaten und 1 Prise Salz zur Mehlmischung geben. Alles rasch mit den Händen oder mit den Knethaken des Handrührgeräts zu einem glatten Teig verkneten. Den Teig auf der dünn bemehlten Arbeitsfläche zu zwei Rollen (4 cm ∅) formen und mind. 1 Std. kühlen.

2 Den Backofen auf 180° vorheizen, zwei Backbleche mit Backpapier belegen. Die Teigrollen in ca. 4 mm dicke Scheiben schneiden. Die Kekse auf den Blechen und einem weiteren Bogen Backpapier verteilen. Nacheinander im Ofen (Mitte) je ca. 9 Min. backen. Auf einem Kuchengitter auskühlen lassen.

3 Schokolade in Stücke brechen und in einer Schüssel über einem heißen Wasserbad schmelzen. Die Taler jeweils zu einem Drittel hineintauchen und auf Backpapier trocknen lassen.

Für ca. 30 Stück • 30 Min. Zubereitung • 5 Std. Kühlen • 20 Min. Backen • Pro Stück ca. 130 kcal, 3 g E, 5 g F, 18 g KH

SCHOKO-CRINKLE-COOKIES

AUS DEN USA

250 g Mehl
2 TL Backpulver
100 ml Öl
4 Eier (M)
200 g Zucker
1 Pck. Vanillezucker
Salz
120 g Kakaopulver
150 g Puderzucker

1 Mehl und Backpulver sieben. Öl und Eier in einer Rührschüssel mit den Rührbesen des Handrührgeräts gut verrühren. Nach und nach Zucker, Vanillezucker und 1 Prise Salz einrühren. Zuletzt das Kakaopulver zugeben und weiterrühren, bis sich alles verbunden hat. Die Mehlmischung zugeben und alles kurz zu einem zähen, leicht klebrigen Teig verrühren. Den Teig ca. 5 Std. kühlen.

2 Den Backofen auf 180° vorheizen, zwei Backbleche mit Backpapier belegen. Den Puderzucker in einen tiefen Teller geben. Vom Teig mit zwei Teelöffeln Portionen (à 20 g) abstechen und zu Kugeln formen. Die Kugeln großzügig im Puderzucker wälzen, sodass rundum eine dicke Puderzuckerschicht entsteht.

3 Die Kugeln mit ausreichend Abstand auf die Bleche setzen. Die Kekse nacheinander im Ofen (Mitte) je ca. 10 Min. backen. Herausnehmen und auf einem Kuchengitter auskühlen lassen.

Für ca. 35 Stück • 1 Std. Zubereitung • 24 Min. Backen • Pro Stück ca. 115 kcal, 2 g E, 6 g F, 12 g KH

HASELNUSSHERZEN

AROMATISCH

75 g Haselnusskerne
250 g Mehl
130 g weiche Butter
125 g Puderzucker
1 Pck. Vanillezucker
Salz
2 Eier (M)

AUSSERDEM
Spritzbeutel mit Sterntülle (8 mm ∅)
150 g Zartbitter-Kuvertüre
50 g Haselnusskrokant

1 Den Backofen auf 180° vorheizen, ein Backblech mit Backpapier belegen. Haselnüsse darauf verteilen und im Ofen (Mitte) ca. 8 Min. rösten. Herausnehmen und ganz auskühlen lassen. Dann fein mahlen.

2 Mehl sieben. Butter, Puderzucker, Vanillezucker und 1 Prise Salz in einer Rührschüssel mit den Rührbesen des Handrührgeräts cremig rühren. Eier einzeln einrühren. Dann Nüsse und Mehl kurz unterrühren. Zwei Backbleche mit Backpapier belegen. Den Teig in den Spritzbeutel füllen und 4 cm große Herzen auf die Bleche spritzen. Die Kekse nacheinander im Ofen (Mitte) jeweils ca. 12 Min. backen. Auf einem Kuchengitter auskühlen lassen.

3 Kuvertüre hacken und in einer Schüssel über einem heißen Wasserbad schmelzen. Jeweils die Spitzen der Herzen hineintauchen, mit Krokant bestreuen und auf Backpapier trocknen lassen.

Für ca. 70 Stück • 55 Min. Zubereitung • 1 Std. Kühlen • 42 Min. Backen • Pro Stück ca. 50 kcal, 1 g E, 2 g F, 5 g KH

KÜRBISKERN-BLÜTEN

BESONDERS

FÜR DEN TEIG
250 g Mehl
3 Eier (M)
125 g kalte Butter
60 g Zucker

FÜR BAISER UND DEKO
125 g Puderzucker
Salz
150 g gemahlene gehäutete Mandeln
50 g Kürbiskernmehl
½ TL Zimtpulver
1 TL Zitronensaft
50 g Kürbiskerne

AUSSERDEM
Mehl zum Arbeiten
Ausstecher (Blüte, 4 cm ∅)
Einweg-Spritzbeutel

TAUSCH-TIPP
Die Mandeln mal gegen gemahlene Haselnüsse tauschen. Da diese mit Häutchen vermahlen werden, haben die Kekse eine bräunliche Optik.

1 Für den Teig das Mehl sieben. 2 Eier trennen, die Eiweiße für das Baiser beiseitestellen. Butter in kleinen Würfeln, 2 Eigelbe, übriges Ei und Zucker zum Mehl geben. Alles rasch mit den Händen oder mit den Knethaken des Handrührgeräts zu einem glatten Teig verkneten. Den Teig zu einem flachen Rechteck formen und mind. 1 Std. kühlen.

2 Zwei Backbleche mit Backpapier belegen. Den Teig auf der dünn bemehlten Arbeitsfläche 5 mm dick ausrollen und Blüten ausstechen. Die Kekse auf den Backblechen und einem weiteren Bogen Backpapier verteilen.

3 Den Backofen auf 180° vorheizen. Für das Baiser den Puderzucker sieben. Die übrigen 2 Eiweiße mit 1 Prise Salz steif schlagen, dabei den Puderzucker einrieseln lassen. Mandeln, Kürbiskernmehl, Zimt und Zitronensaft unterheben. Das Baiser in den Spritzbeutel füllen, die Spitze abschneiden und jeweils einen Baiser-Punkt in die Mitte der Blüten spritzen.

4 Die Kürbiskerne grob hacken und auf die Baiserpunkte streuen. Die Kekse im Ofen (Mitte) je ca. 14 Min. backen. Herausnehmen und auf einem Kuchengitter auskühlen lassen.

Für ca. 50 Stück • 35 Min. Zubereitung • 2 Std. Kühlen • 30 Min. Backen • Pro Stück ca. 45 kcal, 1 g E, 3 g F, 5 g KH

KAFFEE-SCHOKO-TALER

WACHMACHER

1 ½ TL lösliches Kaffeepulver
3 EL Kaffeelikör (ersatzweise Haselnusslikör, Milch)
200 g Mehl
1 EL Speisestärke
1 TL Backpulver
100 g kalte Butter
50 g Puderzucker
1 Pck. Vanillezucker
2 EL Kakaopulver
Salz

AUSSERDEM
Mehl zum Arbeiten
100 g Zartbitter-Kuvertüre

1 Kaffeepulver im Likör auflösen. Mehl, Speisestärke und Backpulver sieben. Butter in Würfeln, alle übrigen Zutaten und 1 Prise Salz zur Mehlmischung geben. Alles rasch mit den Händen oder mit den Knethaken des Handrührgeräts zu einem glatten Teig verkneten. Den Teig auf der dünn bemehlten Arbeitsfläche zu zwei Rollen (ca. 4 cm ∅, 25 cm lang) formen und mind. 2 Std. kühlen.

2 Den Backofen auf 190° vorheizen, zwei Backbleche mit Backpapier belegen. Die Teigrollen mit einem scharfen Messer in ca. 1 cm dicke Scheiben schneiden. Die Kekse auf die Backbleche legen und nacheinander im Ofen (Mitte) jeweils ca. 15 Min. backen. Herausnehmen und auf einem Kuchengitter auskühlen lassen.

3 Kuvertüre hacken und in einer Schüssel über einem heißen Wasserbad schmelzen. Die Taler je zur Hälfte hineintauchen, trocknen lassen.

Für ca. 70 Stück • 55 Min. Zubereitung • 1 Std. Kühlen • 39 Min. Backen • Pro Stück ca. 80 kcal, 2 g E, 5 g F, 7 g KH

KNUSPERTALER

EXTRANUSSIG

400 g Mehl
75 g kalte Butter
120 g Zucker
2 Eier (M)
Salz
100 g Walnusskerne
100 g gehackte Mandeln
100 g gehackte Pistazien
100 g Sonnenblumenkerne
4 EL Honig
4 EL Sonnenblumenöl (ersatzweise Rapsöl)

AUSSERDEM
Mehl zum Arbeiten
Ausstecher (rund, 4 cm ∅)

1 Mehl sieben. Butter in kleinen Würfeln, Zucker, Eier und 1 Prise Salz zum Mehl geben. Alles rasch mit den Händen oder mit den Knethaken des Handrührgeräts zu einem glatten Teig verkneten. Den Teig zu einem flachen Rechteck formen und mind. 1 Std. kühlen.

2 Den Backofen auf 200° vorheizen, zwei Backbleche mit Backpapier belegen. Den Teig auf der dünn bemehlten Arbeitsfläche ca. 4 mm dick ausrollen und Kreise ausstechen. Die Kekse auf den Blechen und einem weiteren Bogen Backpapier verteilen.

3 Walnüsse hacken. Dann mit Mandeln, Pistazien und Sonnenblumenkernen in einer Pfanne leicht anrösten. Vom Herd nehmen. Honig und Öl gleichmäßig unterrühren. Die Nussmasse auf den Keksen verteilen. Die Kekse nacheinander im Ofen (Mitte) jeweils ca. 13 Min. backen. Auf einem Kuchengitter auskühlen lassen.

Für ca. 50 Stück • 30 Min. Zubereitung • 55 Min. Backen • Pro Stück ca. 80 kcal, 1 g E, 4 g F, 10 g KH

WAFFEL-KEKSE

BRAUCHEN KEINEN BACKOFEN

340 g Mehl
1 TL Backpulver
180 g weiche Butter
240 g brauner Zucker
1 Pck. Vanillezucker
Salz
3 Eier (M)
30 g gemahlene Mandeln
Puderzucker zum Bestäuben

AUSSERDEM
Herz-Waffeleisen
Öl für das Waffeleisen

1 Mehl und Backpulver zusammen sieben. Butter, Zucker, Vanillezucker und 1 Prise Salz in einer Rührschüssel mit den Rührbesen des Handrührgeräts cremig rühren. Eier einzeln einrühren, danach Mehlmischung und Mandeln unterkneten.

2 Das Waffeleisen bei mittlerer Stufe vorheizen. Die Backflächen dünn mit Öl einfetten. Vom Teig nach und nach teelöffelgroße Portionen abnehmen und zu kleinen Kugeln formen.

3 Jeweils fünf Kugeln auf die Segmente der unteren Backfläche legen. Das Waffeleisen schließen und die Kekse 2–3 Min. backen. Fertige Kekse herausnehmen und auf einem Kuchengitter auskühlen lassen. Den restlichen Teig ebenso formen und backen. Die Kekse zuletzt dünn mit Puderzucker bestäuben.

Für ca. 70 Stück • 35 Min. Zubereitung • 1 Std. Kühlen • 27 Min. Backen • Pro Stück ca. 50 kcal, 1 g E, 2 g F, 6 g KH

INGWERTALER

GELINGEN LEICHT

300 g Mehl
1 Bio-Zitrone
80 g kandierter Ingwer
180 g kalte Butter
130 g Zucker
30 g Zuckerrübensirup
1 Ei (M)
½ TL Zimtpulver
Salz

AUSSERDEM
Mehl zum Arbeiten

1 Mehl sieben. Zitrone heiß abwaschen, abtrocknen und die Schale abreiben. Ingwer mit einem Messer sehr fein hacken.

2 Zitronenschale, Ingwer, Butter in kleinen Würfeln, alle übrigen Zutaten und 1 Prise Salz zum Mehl geben. Alles rasch mit den Händen oder mit den Knethaken des Handrührgeräts zu einem glatten Teig verkneten. Den Teig auf der dünn bemehlten Arbeitsfläche zu zwei Rollen (ca. 4 cm ∅) formen und mind. 1 Std. kühlen.

3 Den Backofen auf 180° vorheizen, zwei Backbleche mit Backpapier belegen. Die Teigrollen in ca. 4 mm dicke Scheiben schneiden. Die Kekse auf den Blechen und einem weiteren Bogen Backpapier verteilen. Nacheinander im Ofen (Mitte) jeweils ca. 9 Min. backen. Herausnehmen und auf einem Kuchengitter auskühlen lassen.

Für ca. 70 Stück • 55 Min. Zubereitung • 1 Std. Kühlen • 30 Min. Backen • Pro Stück ca. 50 kcal, 1 g E, 2 g F, 7 g KH

SCHOKOTALER MIT ORANGE

AROMATISCH

260 g Mehl
2 Bio-Orangen
100 g Zartbitter-Schokolade
125 g kalte Butter
100 g Zucker
1 Pck. Vanillezucker
1 Ei (M)
Salz

AUSSERDEM
Mehl zum Arbeiten
125 g Puderzucker
Einweg-Spritzbeutel

1 Mehl sieben. 1 Orange heiß abwaschen, abtrocknen und die Schale abreiben. Schokolade grob hacken. Orangenschale, Schokolade, Butter in kleinen Würfeln, alle übrigen Zutaten und 1 Prise Salz zum Mehl geben. Alles rasch zu einem glatten Teig verkneten. Den Teig auf der dünn bemehlten Arbeitsfläche zu zwei Rollen (4 cm Ø) formen und mind. 1 Std. (besser über Nacht) kühlen.

2 Den Backofen auf 180° vorheizen, zwei Backbleche mit Backpapier belegen. Die Rollen in 4 mm dicke Scheiben schneiden, diese auf den Blechen und einem Bogen Backpapier verteilen. Nacheinander im Ofen (Mitte) je ca. 10 Min. backen. Auskühlen lassen.

3 Übrige Orange auspressen. Puderzucker sieben und mit etwas Orangensaft zu einer dickflüssigen Glasur verrühren. Die Glasur in den Spritzbeutel füllen und die Spitze abschneiden. Die Kekse mit feinen Linien überziehen und trocknen lassen.

Für ca. 70 Stück • 45 Min. Zubereitung • 1 Std. Kühlen • 27 Min. Backen • Pro Stück ca. 65 kcal, 1 g E, 3 g F, 8 g KH

PISTAZIEN-ROSMARIN-KEKSE

MEDITERRANER GENUSS

300 g Mehl
2 Bio-Zitronen
2 Zweige Rosmarin
180 g kalte Butter
340 g Zucker
1 Ei (M)
100 g gehackte Pistazien
Salz

AUSSERDEM
Mehl zum Arbeiten

1 Mehl sieben. Zitronen heiß abwaschen, abtrocknen und die Schale abreiben. Rosmarin waschen, trocken schütteln und die Nadeln sehr fein hacken. Zitronenschale, Rosmarin, Butter in kleinen Würfeln, 140 g Zucker, Ei, Pistazien und 1 Prise Salz zum Mehl geben. Alles rasch mit den Händen oder mit den Knethaken des Handrührgeräts zu einem glatten Teig verkneten.

2 Den Teig auf der dünn bemehlten Arbeitsfläche zu zwei Rollen (4 cm ∅) formen. Übrigen Zucker (200 g) in eine Schale geben. Die Rollen im Zucker wälzen und mind. 1 Std. kühlen.

3 Den Backofen auf 180° vorheizen, zwei Backbleche mit Backpapier belegen. Die Teigrollen in ca. 4 mm dicke Scheiben schneiden. Die Kekse auf den Blechen und einem weiteren Bogen Backpapier verteilen. Nacheinander im Ofen (Mitte) jeweils ca. 9 Min. backen. Auf einem Kuchengitter auskühlen lassen.

REGISTER

Abkürzungsverzeichnis:
E = Eiweiß
EL = Esslöffel (gestrichen)
F = Fett
kcal = Kilokalorien
KH = Kohlenhydrate
Msp. = Messerspitze
Pck. = Päckchen
TK = Tiefkühl
TL = Teelöffel (gestrichen)
Ø = Durchmesser

LIEBE LESERINNEN UND LESER,

wir wollen Ihnen mit diesem Buch Informationen und Anregungen geben, um Ihnen das Leben zu erleichtern oder Sie zu inspirieren, Neues auszuprobieren. Wir achten bei der Erstellung unserer Bücher auf Aktualität und stellen höchste Ansprüche an Inhalt und Gestaltung. Alle Anleitungen und Rezepte werden von unseren Autoren, jeweils Experten auf ihren Gebieten, gewissenhaft erstellt und von unseren Redakteur*innen mit größter Sorgfalt ausgewählt und geprüft.

Haben wir Ihre Erwartungen erfüllt? Sind Sie mit diesem Buch und seinen Inhalten zufrieden? Wir freuen uns auf Ihre Rückmeldung. Und wir freuen uns, wenn Sie diesen Titel weiterempfehlen, in Ihrem Freundeskreis oder bei Ihrem Online-Kauf.

Sollten wir Ihre Erwartungen so gar nicht erfüllt haben, tauschen wir Ihnen Ihr Buch jederzeit gegen ein gleichwertiges zum gleichen oder ähnlichen Thema um.

KONTAKT ZUM LESERSERVICE

GRÄFE UND UNZER VERLAG
Grillparzerstraße 12
81675 München
www.gu.de

IMPRESSUM

GU ist eine eingetragene Marke der GRÄFE UND UNZER VERLAG GmbH, www.gu.de

ISBN 978-3-8338-9236-3
2. Auflage 2024

Projektleitung: Elke Sieferer
Lektorat: Petra Teetz
Korrektorat: Jutta Weikmann
Gesamtgestaltung: independent Medien-Design, München
Umschlaggestaltung: ki36 Editorial Design, Sabine Krohberger, München
Herstellung: Chiara Knell
Satz: Eberl & Koesel Studio GmbH
Reproduktion: medienprinzen GmbH
Druck + Bindung: Firmengruppe APPL, aprinta druck, Wemding
Printed in Germany

Bildnachweis:
Kramp/Gölling: S. 06–59 und Stepfotos auf den Klappen
Coco Lang: S. 01
Mathias Neubauer: S. 64
Meike Bergmann: Cover, S. 05 und Stills auf den Klappen
Fotos mit Geschmack: S. 04 Autorenfoto

Dank
Die Autorin dankt den Unternehmen Städter und Rosenmehl sowie den Probebäckerinnen Natalie Junker, Lina Lurz und Friederike Stock für die Unterstützung bei der Rezeptentwicklung.

Umwelthinweis:
Nachhaltigkeit ist uns sehr wichtig. Der Rohstoff Papier ist in der Buchproduktion hierfür von entscheidender Bedeutung. Daher ist dieses Buch auf PEFC-zertifiziertem Papier gedruckt. PEFC garantiert, dass ökologische, soziale und ökonomische Aspekte in der Verarbeitungskette unabhängig überwacht werden und lückenlos nachvollziehbar sind.

Bildagentur Image Professionals GmbH, Tumblingerstr. 32, 80337 München, www.image-professionals.com
Die GU-Homepage finden Sie unter www.gu.de

GRÄFE UND UNZER
Ein Unternehmen der GANSKE VERLAGSGRUPPE

APPETIT AUF MEHR?

ISBN 978-3-8338-8472-6

ISBN 978-3-8338-8605-8

ISBN 978-3-8338-8171-8

ISBN 978-3-8338-6621-0

ISBN 978-3-8338-8875-5

ISBN 978-3-8338-8339-2

Alle hier vorgestellten Bücher sind auch als eBook erhältlich.

GU

Mehr von GU auf **gu.de** | **gu.verlag** | **gu.verlag**

Die Autorin

Andrea Schirmaier-Huber

ist in einer alteingesessenen Münchener Konditorenfamilie aufgewachsen und wurde 1999 zur »Konditorenweltmeisterin« gekürt. 2018 gründete sie die »Bake and Cake Academy«. Neben großen Kuchen und Torten gilt ihre Liebe auch kleinen kreativen Backwerken, wie man in ihren Rezepten merkt.

Die Fotografen

Andrea Kramp und Bernd Gölling

sind als erfolgreiches Duo in ihrem Studio bei Hamburg tätig. Mit Leidenschaft übernehmen sie alle Aspekte ihrer Arbeit, von der Konzeption bis hin zum Styling der Requisiten und zur Fotografie. Ihr Engagement spiegelt sich in ihrer Kundenliste wider, die namhafte Redaktionen und Agenturen umfasst. Andrea Kramp und Bernd Gölling haben sich mit Leib und Seele der Food-Fotografie verschrieben, und das sieht man ihren Bildern auch an.